... j'ai heurté le derrière du Père Noël

www.editions-limonade.com

Le jour où...

... j'ai heurté le derrière du Père Noël

Un roman de
Roland Godel

∗

Illustré par
Philippe Cruyt

1. Ma veilleuse

- Éteins cette fichue lumière, Zoé ! Tu n'as pas honte d'avoir peur du noir comme un bébé ?

Ça recommence. Comme chaque soir, mon petit frère cherche la dispute. Dressé dans son lit, de l'autre côté de la chambre, il me fixe d'un air moqueur.
- Je n'ai pas peur du noir, idiot. C'est simplement que je n'aime pas ça.

- Gnagnagna, la froussarde, gnagnagna, la trouillarde !

Je décide de l'ignorer et je me tourne contre le mur. L'instant d'après, Simon traverse la chambre et va débrancher la veilleuse.

Je crie :
- Rallume ça tout de suite, sale teigne, ou j'appelle Maman !
- Oh, arrête, j'ai trop peur ! Tu n'as qu'à le faire toi-même, si c'est tellement important pour toi.

Je me lève en soupirant. Toujours la même chamaillerie… Simon sait très bien que je n'arrive pas à m'endormir dans l'obscurité. Mais il prétend que cette lumière rikiki passe à travers ses paupières ; il dit qu'il a besoin d'être comme au fond du ventre de Maman pour se sentir bien.

N'importe quoi ! Je sais qu'il fait exprès, pour m'embêter. C'est son petit jeu à lui.

Je remonte le duvet sous mon menton et je fixe la lueur douce de ma veilleuse. Pourquoi est-ce que j'ai peur du noir ? Mystère et boule de gomme…

Ce qui est sûr, c'est que je ne me sens pas bien si je n'ai pas ma petite lampe. Je déteste ouvrir les yeux et ne voir qu'une immense grotte qui a l'air de s'enfoncer jusqu'à l'infini.

Pour me changer les idées, je pense à demain. Le réveillon de Noël ! Après le petit déjeuner, on ira aux Galeries du centre avec Maman et Simon, pour acheter les décorations du sapin.

J'adore la période de Noël, tous ces trésors qui brillent derrière les vitrines des magasins, les illuminations dans les rues, que je peux apercevoir au loin depuis ma fenêtre.

Mon matelas bouge. On soulève le bord de mon duvet. Simon vient se blottir contre moi, comme il le fait chaque fois après nos disputes.

Sacré petit frère ! Il crâne. Il joue à celui qui n'a peur de rien, n'empêche que c'est lui qui a besoin de se faire cajoler avant de dormir !

Au bout d'un moment, je lui demande de retourner dans son lit. Il proteste :
- Laisse-moi rester toute la nuit, pour une fois…

- Comment veux-tu que je dorme, avec une bouillotte géante collée à mon nombril ? Tu me fais transpirer du ventre. Allez, file à ta place !

Fâché, il va débrancher encore une fois la veilleuse avant de regagner son lit. J'ai l'habitude, ça fait partie du jeu…

Je remets la prise, je me recouche et je ferme les yeux. Simon s'est déjà endormi. J'entends son souffle régulier de l'autre côté de la chambre.

Une minute après, je m'endors à mon tour, la tête pleine d'étoiles.

2. Tempête d'hiver

À l'heure du petit déjeuner, il fait encore sombre dehors. Le vent souffle fort. Il pénètre en sifflant par les bords de la fenêtre de la cuisine. À travers les vitres, on entend claquer des volets, rouler des canettes en alu et grincer des branches d'arbres. Je n'aime pas trop cette ambiance. Je regarde Papa qui boit son café debout

en costume de travail. Il me sourit et dit :
- C'est une tempête d'hiver. Ils l'ont annoncée hier à la météo. Ça risque d'être rock'n'roll : on attend des rafales de vent à plus de cent kilomètres à l'heure ! Vous ferez attention de ne pas vous envoler. Mettez du chewing gum sous vos semelles pour rester collés au trottoir !

Maman demande d'une voix inquiète :
- Sérieusement, tu crois qu'on devrait renoncer à descendre en ville ?
- Mais non, chérie, je plaisante ! On ne va pas s'affoler pour un petit coup de tabac ! Tu gareras la voiture le plus près possible des Galeries. Ça  va secouer un peu, mais je te promets que vous ne vous envolerez pas. Ce n'est pas une tornade, quand même !

Simon ne peut pas s'empêcher d'ajouter son grain de sel :
- Zoé devrait rester à la maison. Elle va encore avoir la trouille. Déjà qu'elle ne supporte pas de dormir sans sa petite lumière…

Maman vole à mon secours :
- Fiche la paix à ta sœur, veux-tu ! Il y a des millions de gens qui n'aiment pas l'obscurité. C'est même à cause de la peur du noir qu'on illumine les sapins de Noël, figure-toi !
- Comment ça ?
- Il y a très longtemps, quand l'hiver arrivait et que les jours étaient de plus en plus courts, nos ancêtres craignaient que le soleil ne revienne jamais. Alors ils le suppliaient de ne pas les abandonner, en allumant des feux dans les forêts.

- Mais alors, les arbres de Noël, ce n'est pas pour l'enfant Jésus ?

Papa, qui a déjà enfilé son manteau, se retourne :
- Si, bien sûr que si, c'est aussi pour lui ! Dans la Bible, il est écrit que Jésus est le soleil levant qui vient éclairer les hommes. Alors, tu vois, les illuminations de Noël, ça représente la lumière du divin enfant qui est né !

À l'instant où Papa referme la porte d'entrée, on entend un grésillement et, d'un coup, toutes les lumières de la maison s'éteignent. Ça dure deux secondes, et la lumière revient. La tête de Papa réapparaît par la porte entr'ouverte.
- Voilà le vent qui nous joue des tours ! L'électricité déteste les tempêtes.

Mais il n'y a pas de quoi paniquer ! Allez faire vos courses et rentrez vite vous mettre au chaud. Je serai de retour cet après-midi, pour décorer le sapin avec vous.

Notre voiture est ballottée par des rafales comme un hochet dans la main d'un bébé géant.

Maman roule lentement, les lèvres serrées. Elle trouve une place à deux rues des Galeries du centre.

Dès qu'on met le nez dehors, le vent nous flanque une gifle. Des bouts de papier et des sacs en plastique voltigent partout et des bouteilles roulent sur la chaussée.

Maman nous serre contre elle et on galope, courbés contre la bise, jusqu'au centre commercial. Simon se marre comme un fou. Il trouve tout ça terriblement excitant.

Devant l'entrée du magasin se tient un Père Noël. Dressé sur son traîneau, sa barbe blanche soulevée par les bourrasques, il distribue des confiseries aux enfants. Accrochées aux poignées de son traîneau, deux lanternes se balancent dans le vent.

Le gros homme se penche vers Simon. Il lui tend un sachet et grogne :
 - Jolie brise, hein ? Mais il en faudrait plus que ça pour m'empêcher de faire mon travail.

Tu vois ces lampes-tempête, ce bonnet en poil de renne et ce manteau en laine rouge du pôle Nord ? Le Père Noël est équipé pour affronter les pires blizzards !

À l'intérieur, la foule se presse, bruyante et excitée. On dirait que toute la ville est venue faire ses dernières courses avant le réveillon.

Maman agrippe nos poignets et se faufile à travers la cohue.
Les escaliers mécaniques sont pris d'assaut comme des montagnes russes dans un parc d'attraction. Il nous faut un bon quart d'heure pour parvenir au rayon des décorations de Noël, au fond du deuxième étage.

On se met d'accord sur la couleur des boules : rouge, bleu et violet. Maman choisit encore une pointe argentée, des cheveux d'ange, de la fausse neige en spray, des étoiles et des clochettes dorées.
On aura le roi des sapins !

Satisfaite, Maman fourre nos achats dans son sac.
- Ouf, voilà une bonne chose de faite. Sortons d'ici, maintenant ! On arrive à peine à respirer, avec tout ce monde.

Elle fait deux pas en direction de la caisse pour payer, puis se ravise :

- Oh zut ! J'avais promis à Mamie de lui acheter un châle. Il faut que je passe au troisième étage. Restez ici, les enfants. Placez-vous juste à côté de la caisse, et ne bougez pas d'un millimètre ! Je serai de retour dans cinq minutes.

Pendant que Maman disparaît dans la foule, Simon me tapote l'épaule. Brandissant son sachet de bonbons, il demande :
- T'en veux un, en attendant ?

Je n'ai pas le temps de répondre. Tout à coup, les lumières s'éteignent.

C'est le noir complet. Une dame crie. Un enfant se met à pleurer.

3. La grande panne

Quelle pagaille ! Ça hurle de tous les côtés. Ça court, ça se bouscule. On dirait le naufrage du Titanic, sans les histoires d'amour et les scènes romantiques. Aïe ! Quelque chose heurte ma cuisse. Un vieux monsieur vient de tomber par terre devant moi. Il rouspète et frappe le sol tout autour de lui avec sa canne.

Une femme pousse un meuglement de vache folle ; elle a dû se prendre un vilain coup.

Je recule à tâtons pour chercher un abri. J'appelle Simon pour qu'il me suive. Pas de réponse.

Terrifiée, je me recroqueville de l'autre côté de la caisse et j'appelle encore. Mes cris se perdent dans le vacarme. Mon petit frère a disparu.

Un homme rugit au-dessus de moi :
- C'est incroyable, ils n'ont pas un éclairage de secours, dans ce bazar ?
Une voix aiguë lui répond :
- Il y en a un, mais ça ne fonctionne pas... Restez calmes, s'il vous plaît, ne bougez pas, le courant va revenir dans un instant !

Personne n'obéit. C'est la panique. Les gens continuent à crier et à se bousculer, comme des moutons pourchassés par le loup.

Pauvre Maman ; elle doit être en train d'essayer de nous rejoindre, mais elle risque de se perdre. Et moi, je ne sais pas comment retrouver mon frère…

Je réfléchis à toute vitesse. On est au deuxième étage. La meilleure chose à faire, c'est de redescendre au rez-de-chaussée. Tout le monde se retrouvera dehors, à la lumière du jour.

Je quitte mon refuge. Il faut absolument que j'arrive à rejoindre l'escalator. Il était là, sur la droite.

J'essaie de me faufiler dans la cohue, mais je suis sans cesse heurtée par des adultes qui poussent avec leurs coudes.

Je lève les bras pour protéger ma tête, et je reçois un coup dans les côtes. Je tente d'avancer en longeant les rayons. Ce n'est pas plus facile, je me fais écraser les pieds.

Après quelques mètres, je me cogne le front contre une vitre.

Désespérée, je m'accroupis dans un coin et je me mets à pleurer.

L'électricité ne revient pas. Comment est-ce que je vais sortir de là ? J'ai peur, j'étouffe, j'ai la nausée. Ça y est, je sens que je vais vomir…

Au secours, je veux ma Maman !

Tout à coup, j'aperçois une lumière tremblotante, devant moi. Est-ce que je rêve ? Non, il y en a une autre, là. Et encore une, ici…

Je me redresse pour voir mieux : on dirait des bougies ! Oui, c'est bien ça, des vendeuses en ont allumé sur leurs comptoirs. Il y a aussi deux lampes de poche, dont le faisceau argenté balaie l'air, s'arrêtant parfois sur des visages pâles aux grands yeux de biches effrayées.

Avec tous les articles du magasin qui scintillent dans la lueur orangée des bougies, et les ombres mystérieuses projetées sur les parois et au plafond, on se croirait dans la caverne d'Ali Baba !

Du coup, je respire mieux. Je reprends mes esprits. Je crois que je ne vais pas vomir, finalement. Mais je ne peux pas rester là, à pleurnicher comme un gosse ! L'important, pour le moment, ce n'est pas Maman. Je finirai bien par la retrouver. Ce qui compte, c'est mon petit frère.

Il faut que je sauve Simon !

4. Sauver Simon!

Je parcours les allées en criant son nom. Je me faufile parmi les adultes en évitant les bousculades. Je suis plus à l'aise, maintenant que mes yeux se sont habitués à l'obscurité. De temps en temps, je m'écarte pour éviter une femme qui fonce comme une lionne en appelant son enfant.

Dans un coin sombre, je remarque deux personnes à genoux, occupées à fourrer des affaires dans une grosse sacoche. En me rapprochant, je m'aperçois que ce sont des ados. Tranquillement, sans se presser, ils dévalisent le rayon des baskets de marque ! Personne ne s'occupe d'eux, tout le monde s'en fiche.

Je continue à slalomer entre les comptoirs en criant : « SI-MON ! SI-MON ! » Ça braille dans tout le magasin. Tout le monde appelle quelqu'un, et les cris se mélangent.

Est-ce que mon frère pourra m'entendre, dans ce tintamarre ?

Je suis bientôt de retour à mon point de départ. J'ai parcouru tout l'étage, sans succès. Je remarque que les gens se pressent à l'entrée des escalators pour descendre au rez-de-chaussée.

Alors que je me dirige vers les escaliers roulants pour faire comme tout le monde, je me dis tout à coup que Simon a peut-être essayé de retrouver Maman au troisième étage.
Oui, c'est ça, il a sûrement voulu monter. C'est là-haut que je dois le chercher !

Au lieu de m'engouffrer dans l'escalator qui descend au premier, je passe de l'autre côté pour rejoindre celui qui grimpe au troisième. Et là, je découvre que ça ne sera pas aussi simple que j'imaginais : une avalanche humaine dévale l'escalier.

Tant pis, c'est ma dernière chance de trouver mon frère ! J'inspire un bon coup, et je me lance à contre-courant. Les poings tendus devant moi, je me fraie un passage en hurlant :
- PIN-PON ! Laissez-moi monter ! C'est une urgence !

Je manque de me faire écrabouiller par un gros malabar et je finis mon ascension à quatre pattes, essoufflée. Je dois être couverte de bleus.

Enfin, je débouche au troisième. Il y a moins de monde à cet étage. Beaucoup de clients sont déjà descendus. Comme Maman, j'imagine. Ici aussi, les vendeuses ont allumé des bougies.

Je me mets à la recherche de Simon. Je traverse le rayon des manteaux, puis je bifurque sur celui des foulards et des accessoires. Je continue par l'allée des robes et des blouses, j'arrive jusqu'aux vêtements de sport, je parcours le secteur des chaussures…

Toujours rien. Et puis je me heurte au fond de l'étage…

Désespérée, j'appelle encore une fois, de toutes mes forces.

Alors que je fais demi-tour, j'entends mon nom :
- Zoé ?
C'est une toute petite voix apeurée, mais c'est bien celle de mon petit frère !

Je l'appelle de nouveau. Il me répond. Je me guide au son de sa voix. Je traverse un espace très sombre où l'on n'y voit presque rien. Je suis obligée d'avancer à tâtons.
- Ici Zoé, je suis là !
La voix est toute proche, à présent. J'y suis presque !

Enfin, je l'aperçois. Il est assis par terre, à moitié enfoui sous un monceau de pièces de tissu. Je m'approche, je palpe son visage, ses cheveux, son nez, ses oreilles décollées. Il agrippe mon bras avec ses petits doigts, il sanglote doucement.

Je remarque alors qu'il est installé au milieu d'une montagne de culottes, de bas et de soutiens-gorge.

Il s'était perdu dans le rayon des sous-vêtements pour dames et s'était fabriqué une sorte de grand nid de soie et de coton pour se sentir protégé !

Je ne peux pas m'empêcher de rire pendant que je le serre dans mes bras. Tremblant comme une feuille, Simon presse son visage contre mon cou. Ses joues sont mouillées de larmes.

Je l'embrasse dans le noir et je chuchote :
- C'est fini, tout va bien. Allez, viens ! Je vais nous sortir de là.
Je le prends par la main et je l'emmène vers l'escalator pour rejoindre le rez-de-chaussée.

C'est facile, maintenant : la voie est dégagée.

Cinq minutes plus tard, je repère l'entrée du magasin, par où pénètre la lumière bleutée du jour.

Je fends la foule en traînant Simon et, tout à coup, mon nez s'enfonce dans un immense coussin rouge, mou et tiède.

Je lève les yeux et j'aperçois une paire d'yeux noirs qui me fixent sévèrement sous des sourcils froncés.

Une grosse voix descend du ciel :
- Qui est-ce qui ose taper lâchement le précieux derrière du bon saint Nicolas ?

Il se recule un peu pour mieux voir et reprend :
- Ah, ce sont encore deux enfants perdus ! Viens là, jeune fille, et toi aussi, mon garçon. N'ayez plus peur.

Rassemblez-vous autour de moi, pour que je vous ramène auprès de vos parents!
Le Père Noël! Sa barbe blanche est un peu décollée, mais je le trouve magique, avec sa lanterne qu'il tient à bout de bras pour éclairer les enfants.

Il nous emmène dehors. Il fait gris et froid, le vent souffle en trombe, mais c'est aussi beau que de se retrouver sur une plage de sable fin sous le soleil de l'été !

Maman est la première à nous apercevoir. Elle se précipite vers nous, et je me jette dans ses bras. Du coin de l'œil, je remarque que, dans tout ce remue-ménage, elle a réussi à garder le sac avec nos décorations de Noël.

5. Même pas peur

Depuis qu'on est rentrés à la maison, la lumière revient par à-coups. Au bout de quelques secondes, ça grésille et tout s'éteint de nouveau. Papa rentre du bureau à midi, parce qu'il ne peut pas travailler sans électricité.

Il nous apprend que la tempête a brisé une ligne à haute tension et qu'il y a eu un énorme court-circuit dans la centrale électrique.

La moitié de la région est privée de courant. Les techniciens font de leur mieux, mais ça risque de durer un moment.

Évidemment, Maman ne peut pas cuire la dinde. Elle est désolée, mais elle nous promet qu'on la mangera demain. Moi, ça m'est égal. Je sais qu'on a des tas de bonnes choses froides, du foie gras, du saumon.

Quand on a fini de décorer le sapin, la nuit est déjà tombée. Je regarde par la fenêtre du salon.

C'est impressionnant de voir la ville plongée dans le noir, les rues sombres comme des pattes d'araignée.

Papa passe un bras autour de mes épaules et fait doucement :

- Ne t'inquiète pas, Zoé : j'ai tout ce qu'il faut pour que notre Noël reste bien illuminé. Je sais que tu as eu ta dose d'obscurité, aujourd'hui !

Il installe des tonnes de bougies dans le salon et à la salle à manger. Il retrouve même trois vieilles lampes à huile au fond d'un placard. Ça fume un peu et ça ne sent pas vraiment la rose, mais c'est super-beau.

Pour la première fois de ma vie, j'ai un vrai dîner aux chandelles !

Le sapin est magnifique. C'est le plus merveilleux réveillon de ma vie, même s'il est un peu bizarre.

Papa lève son verre dans ma direction :
- À la santé de notre héroïne de Noël !

Maman sourit, mais elle est pâlotte. Je crois qu'elle a eu bien plus peur que moi, ce matin. Elle me regarde tendrement. Je devine ce qu'elle pense :
- Pauvre Zoé, qui devra dormir dans le noir…

Parce que je ne suis pas idiote : je sais très bien qu'on ne doit jamais s'endormir à côté d'une bougie allumée.

Surprise : le courant revient à la fin du repas ! Et cette fois, ça a l'air de tenir. On savoure la bûche de Noël à la lumière des guirlandes électriques du sapin, en admirant les cadeaux qui luisent au pied de l'arbre.

Peu avant minuit, Maman déclare qu'il est temps d'aller dormir. En me mettant au lit, je remarque que Simon ne fait aucun commentaire à propos de la veilleuse. Je crois qu'il est encore secoué par l'aventure du magasin. Ça lui a coupé la chique. Fini de crâner !

Lorsqu'elle vient m'embrasser, Maman me fait un clin d'œil qui signifie :
- Tu vois, tu auras ta veilleuse, tu l'as bien méritée !

Je ne dis rien. Pourtant, je crois que ma peur est partie. Je l'ai laissée aux Galeries du centre.

D'ailleurs, si j'y réfléchis, je n'ai peut-être pas réellement peur du noir. C'est juste une habitude, un truc pour pouvoir rejouer chaque soir notre petite scène, avec Simon.

Quand Maman referme notre porte, ma décision est prise : cette nuit, je n'allumerai pas ma veilleuse ! Je m'endormirai dans le noir, tranquille, à l'abri, en pensant aux cadeaux qu'on déballera demain matin et aux jours qui rallongent. Je garderai la lumière de ce Noël à l'intérieur de moi.

Simon sera étonné, c'est sûr. Et il le sera encore plus quand je lui permettrai de dormir toute la nuit dans mon lit. C'est aussi son Noël, après tout !

ISBN 978-2-940456-67-3

Dépôt légal : Octobre 2012

Tous droits réservés pour tous pays

www.editions-limonade.com

Graphisme : zam

www.zam-edition.com

Votre livre vous raconte
qu'il vient de forêts préservées.

Le jour où...

... tout bascule pour une aventure qui nous bouscule!

Une collection Limonade